VOYAGE ET CAMPAGNE

DES

MOBILISÉS DU GARD

CHATEAUROUX — VILDIEU — BEZANÇAIS — CLION — VILLIERS — MÉZIÈRES — DOILAY — LE BLANC — MONTMORION — DARNAC — SAINT-BERNARD — LE DORAT — MAGNAC-LAVAL — COULEROLLES — VILLARD — FROMENTAL — FOLLES — BESSINES.

par un Mobilisé.

Honneur au courage malheureux !

Se vend 50 centimes au bénéfice des pauvres.

NIMES

LOUIS GIRAUD, LIBRAIRE

BOULEVARD SAINT-ANTOINE

1871

C'était le 11 janvier 1871, par une journée brumeuse et le sol couvert de neige, que le 2e bataillon de la 1re légion du Gard allait quitter Nimes, à quatre heures du soir, pour se rendre à Châteauroux. Dès une heure de l'après-midi, les mobilisés parcouraient la ville dans tous les sens, armés et équipés, se dirigeant vers l'avenue Feuchères, lieu du rendez-vous, où, était échelonnée la garde nationale, musique en tête, venue pour saluer le départ de ses jeunes camarades qui allaient défendre la patrie ! C'était un spectacle beau et triste à la fois, que de voir ces physionomies rayonnant de l'espoir de la victoire.

La plupart de ceux qui formaient la haie avaient les yeux remplis de larmes ! Les indifférents mêmes étaient émus. A deux heures et demie, le bataillon au complet sur deux rangs, bordait les deux côtés de l'Avenue. L'aumônier était là, près du chirurgien : c'est dire que rien n'y manquait.

A trois heures, par un prompt commandement de par file à droite, les compagnies prirent leurs places respectives, le bataillon, compagnie par compagnie, s'avança au pas, vers le grand escalier de la gare où une partie de la population était groupée. Depuis le boulevard du Viaduc jusqu'au Casino d'été, c'était un coup-d'œil imposant. A l'entrée des grands escaliers de la gare la masse des baïonnettes étincellantes éblouissait la vue ! Les mobilisés marchant au pas, entonnaient des chants nationaux, accompagnés par la foule.

Le train qui devait nous emporter était composé de vagons à marchandises dans lesquels on avait installé des bancs, et de quelques voitures pour l'état-major. Ayant reçu le gros pain de munition et les adieux les plus touchants des assistants, le train s'ébranla aux acclamations répétées de la foule ; et ces acclamations ne cessèrent de se répéter à toutes les grandes et petites stations où nous étions honorés des plus cordiales ovations ! Le froid le plus intense nous obligeait à nous serrer et à battre des mains et des pieds pour ne pas geler. Nous dûmes passer ainsi cette première nuit cruelle !

Le lendemain, vers midi nous étions à la gare d'Agen où nous eûmes une heure d'arrêt. Là, les uns mangeaient leurs provisions sans descendre des vagons, les autres allaient se restaurer en ville. Au moment de repartir, quelques uns de nos compagnons déclarèrent ne pouvoir continuer la route dans les vagons où le froid les avait littéralement saisis ! A la prière de notre digne et bon commandant, M. de Valfons, le chef de gare voulut bien ajouter pour les plus éprouvés par le voyage, deux voitures de seconde. Le train repartit de nouveau, et trente-quatre heures après nous étions à

Châteauroux où le sol couvert de neige et un vent léger du Nord nous glaçait. Au lieu de nous envoyer reposer, on nous fît aligner sur deux rangs, devant la gare, en attendant les ordres du général pour notre cantonnement. La ville était encombrée de soldats de toutes armes ; après une longue attente on nous fit quitter ce site glacial. Nous traversâmes la ville pour arriver dans une cour de caserne et là , en ligne de bataille, il fallut attendre un nouvel ordre. Un bon bourgeois voyant l'embarras où l'on était pour nous faire passer la nuit, offrit gracieusement sa grange à tous ceux qui ne pourraient trouver à se loger en ville. Là-dessus , liberté entière. Les uns allèrent coucher à la grange, les autres en ville. Le lendemain matin nous allâmes répondre à l'appel et nous attendîmes plusieurs jours pour avoir un cantonnement ! Angoissé de notre fâcheuse situation , notre commandant obtint de son ami et ancien condisciple, M. Balzan, maire de la ville de Château-roux , de nous faire loger dans ses granges ; nous lui avons aussi l'obliga-tion de nous avoir fourni suivant nos besoins le nécessaire pendant notre séjour à Châteauroux. Dans ces granges nous grelottions de froid , mais à défaut nous aurions peut-être gelé en plein air et sous la tente ! Les plus heureux étaient ceux qui avaient pu se procurer des peaux de mouton pour s'envelopper. Pendant la nuit une drôle de symphonie se faisait entendre ; c'était la ronflade de toute la chambrée , occasionnée par la fatigue et l'agglomération de tant d'hommes sous le même toit : ce bruit suffisait pour nous préserver des attaques des loups.

Le 3e bataillon , occupant le rez-de-chaussée de la caserne de cavalerie était mieux abrité. Le 1er bataillon , logé par escouades dans de petites granges dont on pouvait fermer les ouvertures , était moins exposé aux intempéries.

La plupart des hommes de notre bataillon éprouvèrent un rhume tellement opiniâtre , après vingt-huit jours de séjour, que si un marchand de pastilles fût venu en cette occasion , à coup sûr il aurait débité sa marchandise avec grand avantage.

Nous étions , la plupart, chaussés de sabots . et c'est ainsi que nous allions à l'exercice et que nous faisions souvent l'escrime à la baïonnette et le déploiement en tirailleur. La manœuvre , en partie, soit dans les conver-sions à droite ou à gauche et les files , était comprise par les moins intel-ligents , et il y avait beaucoup d'ensemble dans l'école du bataillon. Le maniement d'armes devenait de jour en jour plus facile et l'on n'aurait pas eu de peine à faire de nous de bons soldats , car. nous avions tous le sentiment du devoir et l'amour de la patrie , et nous étions tous résolus à verser notre sang pour elle sans calculer le danger !

En prenant possession des granges de M. Balzan, notre organisation ne tarda pas à se faire sur le pied militaire. Deux énormes marmites encas-trées dans une construction en briques étaient destinées à faire la soupe pour tout le bataillon. Le cuisinier-chef employait deux hommes à soulever le couvercle de chacune des marmites. Les morceaux de viande qui dansaient dedans étaient du poids de 2 à 3 kilos , et la viande cuite était retirée avec une fourchette en fer battu qui ne ressemblait pas mal à une fourche à fourrage ! Deux ou trois planches disjointes sur deux bancs servaient de table. C'est là que l'on déposait la viande pour en faire les rations.

Les délicats qui avaient la bourse bien fournie, allaient en toute liberté s'approvisionner dans les hôtels qui ont eu pendant notre séjour un débit excédant leurs ressources. Les petits logements étaient envahis , et plusieurs maisons particulières étaient transformées en hôtels. Les propriétaires qui avaient du vin faisaient concurrence aux aubergistes. Les cafés étaient si pleins qu'il fallait consommer debout. Il est à présumer que les habitants de Châteauroux garderont longtemps le souvenir des mobilisés du Gard qui , à leur tour, ne les oublieront pas.

Dans cette ville où la bonne grâce des habitants égale leur bienveillance eut lieu un conseil de révision quelques jours avant notre départ. Il y eut beaucoup d'appelés, mais peu d'élus !... Je m'abstiens de détails à ce sujet.

. . . .

Une grande revue fut passée au Champs de-Mars par un capitaine de vaisseau récemment nommé général ; à cette revue assistaient plusieurs régiments de mobilisés de divers départements, groupés dans ce vaste champ de manœuvres. La tenue des troupes était irréprochable au point que , quelques jours après , le général Chanzy nous réclamait pour faire partie de son armée ; mais. des retardataires venus de Nimes , retardèrent notre départ de Châteauroux. Nous étions avertis de nous tenir prêts au premier signal , et que le départ serait prochain.

Un matin que la pluie tombait à torrents , Trouillat (c'était le sobriquet que nous avions donné à un Auvergnat de nos camarades) qui était très-doux et obéissant , venait d'être commandé pour aller en corvée ; il n'osait sortir de la grange pendant cette forte pluie , et se promenait dans l'enceinte levant parfois les yeux pour regarder le temps. Ses camarades de corvée étaient déjà partis ; un mobilisé , ancien soldat , finit par lui dire :

— Tes camarades sont partis malgré la pluie , mais ils ont oublié de prendre des parapluies ! Montre-leur que tu es au courant du service : va demander au caporal Tropignard le parapluie de l'escouade ; il s'en est servi le dernier.

Trouillat , sans prendre plus de renseignements , va demander le parapluie en question , disant :

— Caporal Tropignard, donnez-moi je vous prie, le parapluie de l'escouade. Et celui-ci de répondre :

— Je viens de le donner au sergent Briquet pour qu'il en ait le plus grand soin. Va le lui demander : il est trop bon garçon pour le refuser.

Sans perdre du temps, notre jeune Auvergnat va au sergent qui , en ce moment était allongé sur un banc fumant un *brûlot*.

— Charjan , je venais vous demander......

— Assez , assez , quatre jours de salle de police pour t'apprendre à être poli envers ton supérieur. Va-t-en.

Le sergent ayant compris le signe que lui faisait un camarade, le rappela et lui dit de s'expliquer.

— Je venais vous demander le parapluie de l'escouade pour aller en corvée.

— C'est le major qui en est le gardien spécial, mais il le donne à tous ceux qui le demandent. Vas-y de ma part.

Le major qui savait ce qui se passait le reçut le sourire sur les lèvres et l'envoya à l'adjudant qui était dans sa chambre. Trouillat, sans se décourager va à la chambre de l'adjudant et entre brusquement sans frapper à la porte.

— Impoli que vous êtes , fait l'adjudant ; vous aurez cinq jours de salle de police pour être entré chez moi sans frapper. Parlez maintenant.

— Je venais vous emprunter le parapluie de l'escouade.

— Je vous prêterais volontiers le mien, mais je crains que vous ne le cassiez. Il vaut mieux que vous alliez chercher celui de l'escouade. Le lieutenant Jolicœur qui en ce moment en est détenteur . vous le remettra.

Le lieutenant Jolicœur ayant la voix un peu flûtée faisait entendre une drôle de mélodie chaque fois qu'il s'irritait. Si bien que souvent on éclatait de rire involontairement.

Le pauvre Trouillat s'exprima ainsi :

— Je venais vous demander le parapluie de l'escouade pour aller à la corvée.

— Qui vous envoie ?

— Je viens de la part de plusieurs caporaux et charjans vous demander le parapluie de.....

— Assez ! assez ! Vous aurez huit jours de salle de police pour manque de politesse envers votre supérieur et pour me refuser de me dire leurs noms.

— Plusieurs caporaux et charjans...

— Le diable les emporte avec leur malencontreux parapluie ! Il y a déjà longtemps que je ne m'en sers plus : c'est le capitaine, qui, en a le plus grand soin. Malgré cela il le remet aux hommes de corvée : allez le trouver, et désormais soyez plus poli envers vos supérieurs.

Trouillat voulant arriver à ce fameux parapluie, ne se découragea point, et avant de se présenter au capitaine il s'étudia et répéta à plusieurs reprises ce qu'il avait à lui dire. Le capitaine se trouvait à une petite distance et causait avec un personnage civil : l'occasion sembla propice à Trouillat qui, sans hésiter. se présente à lui la main gauche au képi, la paume de la main en dedans et lui dit :

— Monchieu mon capitaine, je venais de la part du caporal qui m'envoya au charjan, le charjan au major, le major à l'adjudant . l'adjudant au lieutenant et le lieutenant à vous..... ouf ! pour vous demander le parapluie de l'escouade.

— Imbécille ! vous aurez cinq jours de salle de police pour avoir été un objet d'amusement pour la compagnie. Vous saurez désormais qu'il n'existe pas de parapluie d'escouade. Retirez-vous.

A peine Trouillat venait-il de quitter le capitaine qu'il se trouve en face du caporal et de ses hommes qui arrivaient de la corvée ! Le caporal furieux lui inflige deux jours de salle de police, séance tenante, et le fait conduire au poste ! Récapitulation faite, Trouillat avait vingt-deux jours de salle de police pour avoir demandé le parapluie de l'escouade !

Cinq minutes après il était grâcié, à la condition que la leçon lui serait profitable.

O Dumanet, tu as un rival !...

Un vendredi matin le bruit se répandit que nous allions quitter Châteauroux. Et effectivement le lendemain on nous distribua les effets complémentaires qui nous manquaient, et quelques heures après un ordre de la place, confirma notre départ pour le dimanche. Le soir, la plupart avaient leur sac et se couchèrent tout habillés, et à cinq heures du matin la diane nous trouva prêts à partir. Le sac fourni, il ne nous manquait pour faire la campagne, que les bons de tabac que l'on avait supprimés. De là . des murmures, des traînards aussi, mais il fallait marcher, le clairon retentissait à l'oreille et les adieux à la bonne ville partaient du cœur ! La première légion au complet formait la colonne : quelques charrettes suivaient portant les bagages des officiers et autres. Après quelques heures de marche , M. le commandant de Valfons, toujours occupé de son bataillon, traversa les rangs et voyant un mobilisé accablé de fatigue et se traînant avec beaucoup de peine , l'invita à déposer son sac sur la charrette et le fit monter sur son cheval qu'il lui céda , mais le fier coursier se sentant humilié sous cette espèce de fagot se mit à caracoler et notre cavalier improvisé , effrayé , demanda à descendre , et se hissa sur la charrette s'écriant qu'il l'avait échappé belle.

Arrivés au petit village de Vildieu , nous fîmes la grande halte. Les habitants nous témoignèrent leurs sympathies ! Après une heure et demie de repos nous continuâmes notre route sur Bezançais où les Enfants du Gard furent encore acclamés par les bons habitants. Plusieurs d'entre eux s'emparèrent des sacs de ceux qui leur parurent les plus fatigués et nous accompagnèrent enthousiasmés. Dans cette localité les habitants placés sur notre passage nous faisaient le plus gracieux accueil : les jeunes filles nous prodiguaient leurs doux sourires ; les mamans avaient les yeux humides de larmes, et tous les hommes sans exception auraient voulu partager nos fatigues ! Nous fûmes logés chez les bourgeois et soignés comme leurs propres enfants ! Nous partîmes le lendemain à l'aube escortés par les habitants de cette intéressante population que nous quittâmes à regret. A Clion . nous reçûmes le même accueil , et nous arrivâmes enfin à Villiers où nous devions être cantonnés.

Le 1er bataillon fut désigné pour rester à Clion et dans ses environs, et nous qui appartenions au 2e bataillon, nous passâmes jusqu'à Villiers , village qui ne compte qu'une trentaine de maisons et où nous, eûmes peine à nous loger ; on nous divisa par séries de vingt à trente hommes pour chaque petite grange. Les habitants n'avaient jamais vu autant de soldats dans leur pays et nous regardaient avec étonnement ; pourtant ils se familiarisèrent bientôt avec nous. Le curé du village accompagné de notre aumônier nous faisait de fréquentes visites dans nos granges où ils étaient reçus avec bonheur ! Le dimanche , notre digne aumônier célébrait toujours la messe qu'il accompagnait d'un discours approprié à la circonstance. Sa parole éloquente avait un charme si attrayant que nous étions heureux en dépit de nos souffrances !

Nous eûmes quelques jours de pluie dans cette contrée aussi triste en hiver qu'agréable en été ; mais dès que la pluie fut passée on nous fit monter des factions , faire des conversions à droite ou gauche , doubler les files et brûler des cartouches. Voilà quelles étaient nos occupations journalières.

A propos du tir à la cible, qu'il me soit permis d'émettre un avis : La carabine est une arme légère , d'une portée excessivement juste et la hausse pour les distances bien imaginée. Seulement, je trouve un défaut dans sa fabrication. L'orifice de la cheminée étant très-étroit la rend fragile comme du verre , si bien qu'il faut quelquefois brûler plusieurs amorces successives pour faire partir le coup ; ceci dit, reprenons notre sujet. Dans la dernière localité dont j'ai parlé plus haut, Villiers , nous n'étions qu'à peu de distance des Prussiens (16 kilomètres) avec lesquels nous attendions chaque jour de nous mesurer. Malgré l'insuffisance de notre éducation militaire et l'infériorité de nos armes, nous étions résolus à mourir pour la défense de la patrie, et je dois dire ici à l'honneur des Enfants du Gard que je ne connus pas un lâche dans notre bataillon !

Un chien qui nous avait suivis depuis notre départ de Châteauroux fut adopté par un mobilisé qui lui donna le nom injurieux de *Bismark*. Il l'avait habitué à garder la grange en notre absence, et Bismark s'acquittait si bien de ce devoir qu'un jour, pendant que le bataillon était à l'exercice, un homme à qui l'on avait donné du linge à blanchir était venu à la grange pour le rendre. Bismark fondit sur notre homme et lui fit une profonde blessure à la cuisse ; grâce à l'intervention des voisins, Bismark lâcha prise ; mais à son arrivée, son maître, lui administra quelques coups de crosse de carabine qui le déterminèrent à décamper pour ne plus revenir.

Le bruit de notre prochain départ ne le précéda que d'un jour. Une inspection d'armes eut lieu, à la suite de laquelle on nous distribua des effets complémentaires, en nous ordonnant de nous tenir prêts.

C'était encore un dimanche, le 19 février, que s'effectua notre départ de Villiers, à la satisfaction générale, dans l'espoir d'aller cantonner dans un pays plus populeux et moins triste.

La colonne se dirigea sur Mézières, Doilay, le Blanc, aux confins du département de l'Indre. Ce pays est très-gai et riche ; nous y fûmes très-bien reçus : les bourgeois se disputaient l'honneur de nous loger. Ils auraient voulu nous garder quelques jours, mais le lendemain il fallut s'acheminer sur Montmorion, Darnac, Saint-Bernard, le Dorat et Magnac-Laval. Nous séjournâmes dans cette dernière ville, chef-lieu de canton. Nous nous sentions à l'aise au milieu de cette population sympathique qui n'oubliait rien pour adoucir nos peines physiques et morales, malgré les nombreuses troupes qu'elle avait déjà entretenues depuis l'invasion ! Cet excellent pays mérite bien l'honneur de notre bon souvenir !

Nous sommes arrivés à Darnac le 22 février, mercredi des Cendres ; comme on ne pouvait dans ce village loger tout le monde, on nous distribua des billets de logement dans ses environs et jusqu'à plusieurs kilomètres. Mon camarade et moi fûmes des mieux logés. Notre billet portait le nom d'un homme des plus estimés du village, M. Rampon, ancien militaire, marié à une cantinière des grenadiers de la garde :

— Ah ! mes braves amis, nous dit-il, vous êtes les défenseurs de notre pauvre France, soyez les bienvenus.

Sa dame arriva un moment après avec du vin choisi, on versa à plein bord et la conversation continua :

— C'est le père et le fils que j'ai l'honneur de loger chez moi ce soir ?

— Non, Monsieur, lui répondis-je, nous sommes tous les deux mobilisés ; seulement, nous représentons les deux extrêmes : mon camarade a vingt ans, et moi j'en ai quarante.

M. Rampon fut d'une bonté extrême pour nous. Il nous fit les honneurs de sa localité et nous promena partout. Nous arrivions sur la petite place de ce village quand nous vîmes un grand rassemblement, nous approchâmes pour savoir ce qui arrivait : la concierge de la mairie pleurait à chaudes larmes en se lamentant : « Je suis veuve depuis dix ans, disait-elle, je suis avec ma fille, je n'avais jamais vu un pareil scandale : ma maison est devenue un corps-de-garde. » Le sergent de service lui dit pour la tranquilliser : « Rassurez-vous, Madame, on nous a mis de garde à la mairie, ce n'est pas pour notre plaisir que nous y sommes, croyez-le, surtout en couchant sur des bancs ; je puis vous assurer que les Prussiens ne viendront pas, et vous pourrez dormir tranquille cette nuit. » Pendant ce colloque du sergent avec la veuve, la fille était à la mairie qui barricadait les portes de ses appartements , et quand sa mère arriva elle eût beaucoup de peine à se faire ouvrir tant sa frayeur était grande.

Nous retournâmes chez notre hôte qui nous avait fait l'honneur de nous inviter à souper ce qui nous conduisit assez avant dans la soirée. Après le souper , il nous accompagna chez un aubergiste pour nous faire donner un lit ; mais l'établissement était au complet. En dernier ressort, l'aubergiste nous offrit un refuge dans sa grange, à côté des chevaux, et l'offre fut acceptée. Nous nous arrangeâmes chacun dans un coin avec des bottes de paille et le sommeil ne tarda pas à s'emparer de nous. Quelques heures plus tard , je fus réveillé par les cris : Au secours ! au secours !.... Je me lève précipitamment et je vais me heurter sur un objet que l'obscurité ne me permet pas de distinguer. Je me relève et me dirige d'un autre côté pour aller prendre mon sabre-baïonnette. Comme j'allais de nouveau m'élancer dans l'obscurité, j'aperçus une lumière : c'était le domestique de la grange qui accourait au cri qui nous avait tous mis en émoi. Je me trouvai , sabre en main, nez à nez, avec un cheval qui avait rompu sa longe. Mon jeune camarade en fut quitte pour une forte égratignure , et moi, pour une grande frayeur. Nous nous couchâmes de nouveau, mais bientôt après, la diane nous avertit qu'il était l'heure de se lever.

A Aubreuil était cantonné le 1er bataillon ; à Coulerolles et le Cluzeau , le 2e bataillon ; à Villard et ses environs, le 3e bataillon de la 1re légion. A Bessines et ses environs , les trois autres légions du Gard.

Le 5 mars, les bruits de préliminaires de paix circulèrent dans nos rangs. Les uns prétendaient que l'accord ne régnait pas dans l'Assemblée ; d'autres prétendaient le contraire ; mais bientôt l'incertitude fit place à la réalité. Nous tressaillîmes de joie en apprenant le lendemain , à l'ordre du jour, que nous étions dispensés de tout exercice. Tous ceux qui avaient atteint leur quarantième année , et j'étais de ce nombre, étaient bien aises d'aller rejoindre leurs familles. La barbe longue et grisonnante, et le front chauve de plusieurs d'entre eux donnaient à ces vieux militaires improvisés par la nécessité, un certain air de ressemblance avec les R. P. Trappistes. Cette dernière épithète m'était parfois appliquée par mes camarades, ce qui me détermina à ma faire raser, opération qui me rajeunit de dix ans ! La barbe étant un ornement cher au militaire, j'y tenais , mais bien moins qu'à ma peau, ce que, je pense , mon lecteur croira sans peine.

Notre installation à Coulerolles fut des plus humbles. Quelques bottes de paille pour litière dans l'étable de chaque grange , suffisaient pour faire reposer une trentaine d'hommes au milieu des bœufs et des moutons ; il n'y manquait que l'âne pour achever le tableau de la Nativité ! Ceux que l'odeur de l'écurie indisposaient , avaient la liberté de dresser leur tente en plein air , ce qui fut essayé par quelques-uns de notre bataillon. Un sous-lieutenant qui , couchait toujours au grand air, fut visité par l'aumônier, son ami intime ; la conversation roula sur la difficulté de trouver des logis ; notre aumônier laissa avoir au sous-lieutenant qu'il partagerait volontiers sa chambre pour la nuit. — De bon cœur, répondit celui-ci , en riant ; à ce soir.

L'aumônier, après avoir vaqué à ses devoirs, vint se reposer de ses fatigues auprès de son ami, qui lui dit en lui montrant sa tente dressée.

— Voilà ma tente telle que je puis vous l'offrir. J'en mets la moitié à votre service.

— Hé bien ! je l'accepte, ami.

Le matin, au réveil, l'abbé assura à son ami qu'il s'était bien trouvé !

Dans ce pauvre pays, les habitants sont si laborieux et si modestes, qu'on n'y trouve ni cafés, ni jeux de billards, ni autres.... Le tir au bouchon, les trois sauts, étaient les seuls jeux du 2e bataillon dans cette localité.

La distraction du 3e bataillon comprenant les mobilisés des environs de Nimes : Vauvert, Aimargues, Gallargues, Vergèze, Sommières, etc., consistait dans l'imitation des courses de taureaux. Un camarade remplissait le rôle du quadrupède ; on lui attachait au-dessus des oreilles deux bâtons crochus en guise de cornes. Ce taureau improvisé courait dans un cercle tracé dans la prairie, et lorsque les razetiers manquaient leur coup, le prétendu taureau les gratifiait de coups si bien nourris que parfois ils nécessitaient le repos.

Certains mobilisés se livraient à l'exercice moins périlleux de la danse. L'un d'entre ceux d'Aimargues, joueur de hautbois de profession, avait emporté son instrument à la guerre, et s'en servait pour faire danser ses camarades, mais plus souvent les jeunes bergères aux frais minois, qui sont nombreuses en ce pays. C'était des fêtes où les enfants de Bellone jouaient pour un instant le rôle de berger : innocentes récréations. dont ils sont redevables aux aimables filles qui dans le secret de leur pensée partageaient peut-être, les peines et les chagrins de famille de ces bons mobilisés, les défenseurs de leurs foyers. Gardons le souvenir de ces charmantes jeunes filles qui étaient et qui seront toujours nos sœurs !

On remarquait depuis quelques jours, la tristesse peinte sur la physionomie et dans les allures d'un mobilisé naguère jovial. Quel était le motif du profond chagrin qui le rongeait en secret ? Devinez, et jetez votre langue au chien. Après de nombreuses sollicitations, voici la confidence qu'il fit enfin sous le sceau du secret à son camarade de prédilection :

— « Parti de mon village et arrivé à Châteauroux portant les insignes de caporal ; on m'a disgrâcié parce que j'étais le plus jeune de la compagnie, ce qui ne me répugnait nullement, attendu que loin de mériter cet affront, j'ai tout fait pour en mériter l'honneur ! Néanmoins, j'en suis affligé à n'oser pas le dire ! Voici pourquoi : A la veille de rentrer dans nos foyers, que penserons de moi mes bons parents, et mes nombreux amis, à qui je donnai, en partant, l'assurance que je ne perdrai mes galons qu'avec la vie, et que loin de perdre ceux de caporal, je reviendrai, Dieu aidant, avec un grade supérieur. Cette humiliation ne fera-t-elle pas supposer l'inconduite ? »

Cette confidence vint aux oreilles des plus taquins de la compagnie. La conscience faisait aux adeptes un devoir de divulguer le secret imposé, dans la vue de réparer une erreur, peut-être une injustice. Le lendemain matin, l'ex-caporal était assis devant la grange l'air triste. Un camarade s'approche et lui dit :

— Tu dois être content aujourd'hui que ta nomination de caporal est arrivée.

— Vraiment ?

— Aussi vrai que le soleil nous éclaire.

— J'aimerais de la lire !

— Ce matin tout le monde l'a entendu lire au rapport.

— Qui donc a le rapport ?

— Le caporal Pistolet , qui vous la montrera.

Le trop crédule ex-caporal va trouver le prétendu possesseur :

— Aurez-vous l'obligeance de me communiquer la nomination qui me concerne , mon caporal ?

— Je viens de la remettre au sergent Briquet.

A peine notre candide a-t-il fait quelques pas que, le sergent Briquet le salue et , et sur son interrogation, lui répond :

— J'ai lu le rapport pour le lieutenant et ne pensant pas avoir le plaisir de vous voir, je le lui ai remis. Le lieutenant est dans l'auberge que voilà ; entrez , il vous le montrera.

S'adressant au lieutenant Pimar :

— Je venais vous demander, lieutenant , d'avoir l'extrême bonté de me faire part du rapport qui me concerne.

Le lieutenant prêt à pouffer de rire :

— Ah ! oui , mais je viens de le prêter à un ami qu'il intéresse aussi et qui se trouve à la grange Braquemard.

En attendant de retrouver l'ami du lieutenant, possesseur du précieux rapport, on envoya l'ex-caporal porter une dépêche à plusieurs kilomètres. A son retour, il fut accosté par un camarade qui le complimenta sur sa prétendue nomination de caporal et, comme tailleur, lui proposa de coudre ses galons.

— Soit. Car on m'a dit que, demain, avant que l'on ait sonné l'assemblée, il faut que je sois prêt, ayant les insignes de caporal. Changeons de tunique et va placer ces bénis galons. — Le tailleur alla se mettre à l'œuvre. Le porteur de la réponse à la dépêche arrivant essoufflé . dit au futur caporal :

— Je sais ce que tu vas me demander, mais va chez le capitaine, qui est entré chez lui. Il copie quelque chose. Je crois que c'est ta nomination de caporal qu'on va afficher à la porte de la grange.

Courant chez le capitaine qui était prévenu , il lui demande à lire sa nomination sur le rapport.

— Le capitaine lui répond : Imbécile ! ne voyez-vous pas que l'on se moque de vous ! Est-ce à la veille de licencier un corps qu'on nomme des caporaux ?

Je reviens à Coulerolles. L'on y faisait la soupe dans la prairie. Parfois survenait une forte averse ; les cuisiniers , la marmite aux mains , se sauvaient dans toutes les directions. D'autres fois , cette soupe n'était pas prête à temps ! — Au commencement, les maîtres des granges occupées par nous, nous fournissaient tout, notamment le vin. Ils étaient pleins d'égards pour nos mobilisés qui contaient fleurette aux jeunes bergères ; celles-ci n'étaient pas insensibles à leurs discours amoureux. Mais , dès que les préliminaires de paix furent connus officiellement, ils augmentèrent le prix de toutes les denrées et , les bergères ne répondaient plus aux soupirs de nos guerriers ! Les parents, un peu choqués de notre prochain départ, n'avaient plus pour nous cette aménité obligeante qui confond les hôtes avec la famille ! Je dois cependant, mentionner une exception en l'honneur du père Chaupard qui, a su, après comme avant, conserver à l'égard de tous, les rapports bienveillants de l'amitié ! A notre arrivée, le père Chaupard transforma sa maison en véritable auberge ! Ancien marin, avec l'amour du soldat . il possède au suprême degré, la dignité militaire. Il avait deux fils : l'un à bord du *Prince-Jérôme*, l'autre, à bord du vaisseau *le Magenta*. De ce dernier, il en parlait avec amour :

— « Mon fils, disait-il, en montrant son portrait, mon fils est un marin accompli et l'amiral Jauréguiberry l'a porté plusieurs fois à l'ordre du jour. Il est beau garçon et possède toutes les bonnes qualités. Un jour de fête qu'il se trouvait à Bordeaux en même temps que l'ex-impératrice, elle remarqua mon fils et s'écria : « Quel beau garçon....., voyez, messieurs ! C'est la perle de la marine française ! »

Un mobilisé parisien, attablé avec le père Chaupard, lui fit croire qu'il avait connu son fils à Toulon et qu'il avait été témoin oculaire et auriculaire du fait ! Le père Chaupard, qui avait conservé les habitudes des marins, tenait en ce moment . une forte chique contre la joue droite, et pour répondre à l'ami prétendu de son fils, d'un coup de langue, fit pirouetter la chique, de la joue droite à la joue gauche :

— Puisque vous êtes l'ami de mon fils, mobilisé Parisien, nous souperons ensemble, dit le père Chaupard. Le souper et la conversation se prolongèrent bien avant dans la nuit. Le nectar coulait à pleins bords ! Le père Chaupard et l'ami de son fils, le mobilisé Parisien. contents et satisfaits l'un de l'autre, se sacrifièrent largement au dieu Bacchus.

Le 7 mars, le 2ᵉ bataillon a eu la visite de son bien aimé commandant, M. de Valfons, député à l'Assemblée nationale, qui venait exprès de Bordeaux pour lui adresser ses adieux. Le bataillon était réuni dans une prairie magnifique qu'arrose la Gardonte. M. le commandant a parlé à ses concitoyens mobilisés, à peu près dans ces termes :

« Lorsque j'ai quitté Villiers, j'aurais voulu vous adresser quelques mots
» d'adieux ; mais j'en ai été empêché par la pluie torrentielle qui tombait ce
» jour-là et qui ne m'a pas permis de vous réunir.

» Je n'ai pas voulu vous laisser partir pour Nimes sans vous faire mes
» adieux, et j'arrive de Bordeaux exprès pour obéir à ce besoin de mon cœur,
» car je repars ce soir pour retourner à mon poste.

» Vous allez bientôt rentrer à Nimes. Vous pouvez y rentrer la tête haute,
» vous avez fait votre devoir. Votre attitude a toujours été des plus dignes.
» Je me réjouis surtout de n'avoir pas vu le 2ᵉ bataillon prendre part à la
» honteuse manifestation de Châteauroux. J'ai pu constater avec bonheur
» que vous aviez cherché à calmer par vos paroles le désordre qui se pro-
» duisait dans la ville. Aussi, je vous le répète, rentrez à Nimes la tête
» haute, car vous avez fait votre devoir.

» Quant à moi, je viens d'en remplir un autre, devoir pénible, devoir
» navrant : il m'a fallu signer une paix désolante ! Oh ! je n'en rougis pas ;
» s'il fallait la signer encore, je la signerais une seconde fois. Je trouve qu'il
» y a plus de courage à signer cette paix qu'à voter la guerre.

» En ce qui nous a fait signer la paix, je voudrais pouvoir vous le dire, je

» voudrais pouvoir vous faire connaître ce qui nous a été révélé dans les
» bureaux de la Chambre : révélations navrantes, que nous avons promis de
» ne pas divulguer !

» Et puis, pour faire la guerre, il faut de l'argent, et nous n'en avons
» pas, les caisses sont vides.

» Savez-vous quelle a été la réponse de Chanzy, consulté sur ce qu'il
» pouvait faire avec son armée ? « Je pouvais, a-t-il répondu, faire une
» guerre défensive qui aurait duré tout au plus quinze jours. Quant à marcher
» en avant, c'était impossible. »

» Savez-vous quelle a été la réponse du général Loysel, à qui l'on deman-
» dait s'il pouvait tenir longtemps ? Il a répondu que le Havre ne pouvait
» pas se défendre.

» Et puis, quels sont les hommes qui ont voté la paix ? C'est Trochu,
» c'est Pothuau, c'est l'amiral Saisset, c'est Jauréguiberry, d'Aurelle de
» Paladines, Ducrot et autres généraux dont le nom m'échappe. Fallait-il,
» pour continuer la guerre, faire ravager la France ? Non, le succès n'était
» pas possible.

» Ce que je vous dis là n'est pas une justification que je viens chercher
» auprès de vous, car je n'accepterai jamais un mandat impératif de per-
» sonne ; c'est une causerie. Je vous parle comme je parlerais en famille,
» comme je parlerais à mes enfants.

» La France traverse une époque bien douloureuse ; nous supportons les
» conséquences des fautes du gouvernement qui a précédé. Mais l'heure de
» la revanche sonnera. Beaucoup d'entre vous sont jeunes encore, et
» pourront y prendre part ; quant à moi, lorsque cette heure viendra, elle
» me trouvera prêt à répondre au premier signal.

» Voilà, mes amis, ce que j'avais à vous dire avant de vous quitter. »

Les cris répétés de « Vive notre commandant M. de Valfons ! » ont accueilli
ces paroles.

Quelques jours après la visite de notre commandant, nous quittâmes les
villages de Coulerolles, le Cluzeaux, Villard, Fromental, Aubreuil, Folles,
où tous les mobilisés composant la première légion, étaient dispersés.
Les trois autres légions occupaient un rayon de plusieurs lieues à Bessines
et ses environs. C'est par là que les Prussiens avaient déjà projeté de
pénétrer dans le Midi si la guerre avait duré plus longtemps. Et c'est pourquoi
les quatre légions du Gard étaient agglomérées dans ces parages, occupant des positions stratégiques faisant la bordure à l'armée du général
Chanzy. Notre départ ne s'effectua qu'avec la certitude qu'il n'y avait plus
de danger pour la France de la part de l'armée prussienne, malgré les
diverses versions en circulation. Arrivés à Limoges en deux étapes,
et désarmés à la Maison d'Arrêt, on fixa notre départ à quatre
heures de relevée, et à huit heures nous étions encore devant la gare ; la
plupart assis sur leurs paquets, et d'autres sur des bottes de paille appor-
tées pour servir de litière dans les vagons. Les infatigables mobilisés de
Vauvert, Gallargues, Mus, Aiguesvives faisaient la farandolle au son du
hautbois ; on chantait, on riait ; à huit heures et demie nous entrâmes

en gare pêle-mêle , et à neuf heures le train se dirigeait sur Nîmes. Notre passage sur tout le parcours fut salué avec une joie indescriptible et les manifestations les plus sympathiques partout où nous nous sommes arrêtés jusqu'à notre arrivée à Nîmes , où elles redoublèrent encore : la population s'était portée sur le boulevard du Viaduc et sur l'avenue Feuchères, acclamant les Enfants du Gard , revenant au sein de leurs familles ! Ce souvenir restera toute ma vie gravé dans mon cœur !

UN ENFANT DU GARD.

180

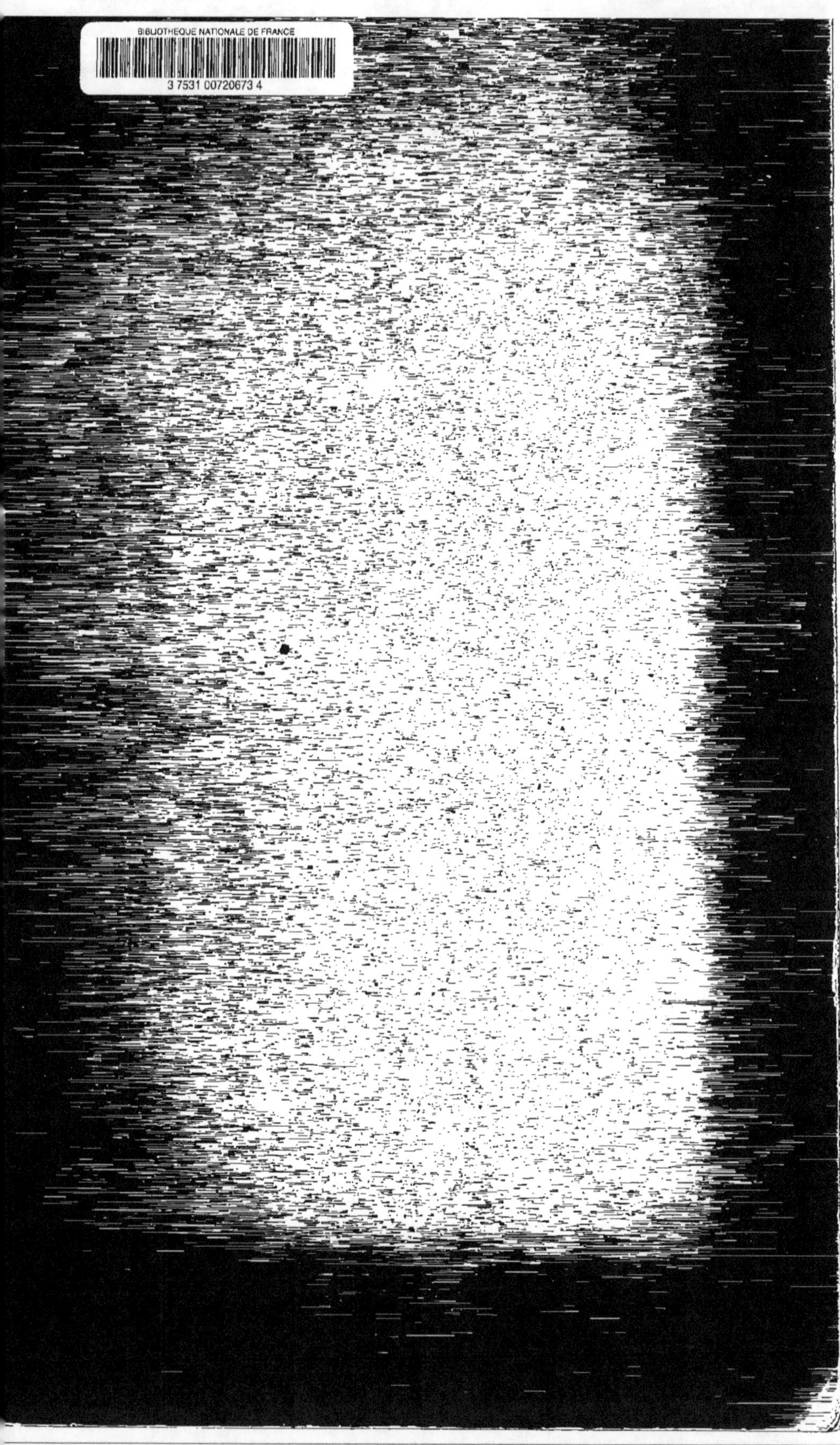